L41b 318

ÉMIGRÉS.

Ventes des Immeubles.
…erves aux parens des Emigrés, supprimées.
Arrentemens supprimés,
…compenses aux défenseurs de la Patrie.
Biens possédés par indivis.
…èles des actes relatifs aux Ventes.

N°. 16

Paris le 20 septembre 1793. l'an 2e. de la République, une et indivisible.

COPIE d'une Lettre relative à la vente des Immeubles des Émigrés, écrite le 20 septembre 1793, par l'Administrateur des Domaines Nationaux, aux Administrateurs de Département.

Je vous ai annoncé, Citoyens, par mes lettres des 29 juillet et 16 août derniers, que le Comité d'aliénation devait proposer à la Convention Nationale, de décréter une instruction pour l'exécution de la Loi du 3 juin dernier, concernant la vente des immeubles des Emigrés. Le projet de cette instruction était déja imprimé et distribué pour qu'elle pût être discutée; mais la Convention Nationale l'a jugée inutile, sauf à décréter les dispositions nécessaires pour completter la Loi du 3 juin, et pour lever toutes les difficultés non-prévues par les lois, qui apporteront quelqu'obstacle aux ventes.

En conséquence elle a déja statué par un Décret du 13 de

ce mois, sur les premières qui avaient arrêté les Corps Administratifs.

L'article 1er rapporte l'art. 18 *de la Loi du* 2 *septembre* 1792, *qui déterminait les secours à accorder aux pères, mères, femmes ou enfans des Emigrés, et annonce qu'il sera incessamment statué sur le sort de ceux dont le civisme sera reconnu.*

Ainsi les Directoires de Districts n'auront à faire pour cet objet aucune réserve d'usufruit, ni de fonds, et ils doivent faire procéder à la division et à la vente de la totalité des biens des Emigrés.

L'article 2 *rapporte également la partie du Décret du* 3 *juin, relative à l'arrentement d'un arpent de terre à faire aux chefs de famille qui ne sont pas propriétaires d'un terrain de cette étendue, et substitue à cette disposition, la faculté* aux chefs de famille non-propriétaires, n'étant point compris sur les rôles d'impositions, et résidens dans les Communes où il n'y a pas de terrains communaux, d'acheter des biens d'Emigrés jusqu'à la concurrence de 500 livres chacun, payables en 20 années et 20 paiemens égaux, sans intérêts.

Les articles 3 *et* 4 *déterminent quels sont ceux que l'on doit considérer comme chefs de famille, et comment il doit être opéré pour les faire jouir promptement de la faveur qui leur est accordée par l'art.* 2.

J'avais mis sous les yeux de la Convention et de son Comité d'aliénation, la question qui m'avait été présentée par plusieurs Corps Administratifs, de savoir si dans les Communes où il y avoit très-peu de biens communaux, et où le partage n'aurait pas procuré aux chefs de famille une propriété de l'étendue d'un arpent, il y avait lieu de faire participer ces chefs de famille au bénéfice de la loi du 3 juin et de leur completter l'arpent.

La Convention a décidé le contraire en renouvellant implicitement, comme vous venez de le voir par l'art. 1er ci-dessus cité, l'exclusion des chefs de famille résidens dans des Communes qui possédaient des biens communaux ; ainsi il n'y a que les les chefs de famille résidant dans les autres Communes et qui n'ont aucune propriété, qui sont susceptibles de jouir du crédit de 500 liv. que le décret du 13 de ce mois substitue à l'arrentement d'un arpent de terre.

Les articles 5 et 6 déterminent comment la récompense accordée aux defenseurs de la Patrie, par le décret du 27 juin dernier, sera effectuée sans entraver la vente des immeubles des Emigrés, c'est-à-dire, sans faire une réserve expresse en fonds de terre ; à cet effet on leur donne la faculté d'employer en acquisition d'immeubles d'Emigrés, jusqu'à la concurrence du montant du brevet qui leur sera accordé, et d'adresser, pour y parvenir, leur procuration à qui bon leur semblera. *Le Comité des finances s'occupe du réglement qui doit fixer le taux des Brevets de récompense d'après le nombre des campagnes.*

En conséquence de ces dispositions, l'art. 7 rapporte le décret du 27 juin, et laisse un libre cours à l'exécution de celui du 3 du même mois.

Quelques difficultés s'étaient élevées aussi relativement aux Biens indivis avec les Emigrés, les articles 8, 9 et 10 les font cesser : en voici la teneur.

ART. 8. Les propriétés indivis avec les Emigrés reconnues non-partageables par le Directoire du District, seront vendues en totalité; l'acquéreur payera au propriétaire le prix relatif à la quotité pour laquelle il a droit, d'après la reconnaissance qui en aura été faite par le Directoire du District.

Art. 9. Les Biens, même partageables, possédés par indivis avec des Emigrés, dont les propriétaires n'auront pas produit au District les titres qui assurent la quotité qui leur appartient, dans le délai d'un mois après la publication des présentes, seront vendus en totalité; l'acquéreur payera au propriétaire le prix relatif à la quotité pour laquelle il aura fait reconnaître ses droits par le Directoire du District.

Art. 10. La quotité de ceux qui auront produit leurs titres dans le délai ci-dessus, sera distraite par deux arbitres nommés incontinent par le District qui seront tenus de terminer leur opération et d'en remettre le procès-verbal au Directoire du District dans la quinzaine de leur nomination: s'ils ne sont pas d'accord, le Directoire nommera un troisième expert pour les départager.

Ces articles abrogent implicitement l'art. 19 *de la Loi du* 3 *juin, qui ordonne que les droits d'un Emigré indivis avec des tiers, seront mis en vente tels qu'ils se comportent, sans que l'adjudicataire puisse prétendre autres et plus grands droits que l'Emigré.*

Enfin, l'art. 11 *de ce décret ordonne* que les ventes des biens des Emigrés soient faites de suite, suivant les formalités prescrites par les lois, nonobstant toutes oppositions, sauf à statuer, après la vente, sur les réclamations de ceux qui prétendraient y avoir des droits.

Il ne s'agit pas seulement, Citoyens, de vendre très-promptement les Biens nationaux provenans des Emigrés, mais encore de remplir les vues de justice, de bienfaisance et de politique des Représentans du Peuple, en faisant ces ventes de manière à procurer aux défenseurs de la Patrie la récompense de leurs services, à assurer aux pères de famille dans l'indigence, un patrimoine qui ne fasse plus dépendre leur subsistance, et celle de leur famille, que de travaux indépendans des riches, et qui les mette ainsi en état de faire germer dans l'ame de leurs enfans la fierté et les vertus républicaines, qualités incompatibles avec le besoin qui oblige un homme à servir son semblable pour subsister; enfin à donner à la Patrie autant de zélés défenseurs et de véritables républicains qu'il y aura de citoyens propriétaires.

A cet effet, il faut que les propriétés à vendre soient divisées dans le plus grand nombre de lots possible, d'après la nature des Biens, et que chaque lot, autant qu'il se pourra, soit à la portée des citoyens les moins fortunés; sur-tout il en faut beaucoup, dont la valeur présumée devoir résulter des enchères, n'excède pas les 500 liv. que les pères de famille ont la faculté d'employer ni le taux des récompenses qui sont accordées aux défenseurs de la Patrie, afin que ce bienfait ne soit pas illusoire pour eux.

Comme il n'est point d'actes plus importans que ceux qui transmettent la propriété, les Corps Administratifs ne sauraient donner trop de soins à ce que toutes les formalités qui doivent accompagner les ventes des Biens nationaux soient exactement observées, afin que d'une part, la République puisse retirer tout le fruit qu'elle doit attendre de ces Biens, et que d'une autre part, les acquéreurs soient certains d'après la régularité des ventes de ne jamais être inquiétés dans leurs acquisitions.

Pour mettre les Corps administratifs en état de procéder d'une manière uniforme à cet égard, j'ai fait dresser les modeles des différens actes concernant la vente : ces modèles devaient faire partie de l'instruction que j'avais lieu de croire que la Convention Nationale décréterait d'après le rapport de son Comité d'aliénation ; sans ce motif, je me serais empressé de les envoyer dès la publication de la Loi du 3 juin, et sur-tout lorsque quelques Administrations m'en ont fait la demande.

Quatre de ces modeles concernent la division et estimation des biens selon les différens cas qui peuvent se présenter.

Deux autres sont pour les affiches.

Un autre pour le procès-verbal, tant de premières enchères, que d'adjudication définitive.

Un autre pour le relevé des procès-verbaux d'estimation qui doit m'être adressé tous les mois, pour que je puisse faire connaître à la Convention Nationale le progrès des opérations, et sur-tout pour que je puisse établir de bonne-heure la valeur présumée de l'actif de chaque Émigré, afin de procéder à la délivrance des certificats de collocation utile de leurs créanciers respectifs, conformément aux articles 8, 9 et 10 du dernier paragraphe de la Loi du 25 juillet dernier.

Un dernier modèle enfin pour le relevé mois par mois, des ventes consommées dans chaque District, conformément à l'art. 38 de la Loi du 3 juin dernier.

Je vous envoie des copies de ma lettre et des exemplaires des modeles en nombre suffisant pour que vous puissiez sur-le-champ les transmettre aux Directoires de Districts de votre Departement.

Je desire que vous les invitiez à me faire passer un exemplaire de chacune des affiches qui annonceront des ventes, ainsi que la notice sommaire du montant de ces ventes à mesure qu'elles seront consommées. Celles qui ont déja eu lieu, ont eu le plus grand succès ; je m'empresse d'en mettre successivement le résultat sous les yeux de la Convention Nationale ; je ne doute pas que tous les Corps Administratifs ne donnent à l'envi, aux Représentans du Peuple, et par conséquent à la République entière, les preuves du zèle et du patriotisme avec lesquels ils auront servi ce grand intérêt national.

La Convention Nationale vient de créer une Commission de six membres pour mettre en ordre les loix sur les Émigrés et en corriger les articles, de manière à faciliter le jugement de ces traîtres et la vente de leurs biens. En conséquence, si ces lois vous présentent des difficultés que vous ne puissiez résoudre, empressez-vous, Citoyens, de me les faire connaître pour que j'en fasse part à la Commission. Je vais mettre sous ses yeux celles que m'ont déja soumises quelques Corps administratifs.

Je vous prie de m'accuser la réception de cette lettre.

Signé AMELOT.

www.ingramcontent.com/pod-product-compliance
Lightning Source LLC
LaVergne TN
LVHW010333230826
846091LV00009B/3851

* 9 7 8 2 0 1 1 9 0 5 1 0 9 *